Les bases de l'acquisition client

Le Code de la propriété intellectuelle n'autorisant, aux termes de l'article L. 122-5 (2° et 3°a), d'une part, que les « copies ou reproductions strictement réservées à l'usage privé du copiste et non destinées à une utilisation collective » et, d'autre part, que les analyses et les courtes citations dans un but d'exemple et d'illustration, « toute représentation ou reproduction intégrale ou partielle faite sans le consentement de l'auteur ou de ses ayants droit ou ayants cause est illicite » (article L. 122-4).

Cette représentation ou reproduction, par quelque procédé que ce soit, constituerait donc une contrefaçon sanctionnée par les articles L. 335-2 et suivants du Code de la propriété intellectuelle.

Tout contrevenant sera soumis à des poursuites judiciaires, conformément aux droits internationaux de la propriété intellectuelle.

Ce livre est destiné à des fins d'informations uniquement. L'utilisation des instructions, opinions, produits ou services contenus dans ce livre ne garantit en rien la réussite de vos projets. Ces éléments reflètent les recherches et mises en pratique menées par l'auteur ainsi que des personnes tierces.

No Limits Books n'est pas responsable de la persistance ou de l'exactitude des URL des sites Internet externes ou tiers auxquels il est fait référence dans cette publication et ne garantit pas que le contenu de ces sites restera exact ou approprié.

Copyright © 2022 by No Limits Books

Éditeur : No Limits Books

E-mail : ebook@nolimits-inc.com

Site Internet : nolimitsbooks.com

Gael Dubuission

Les bases de l'acquisition client

Maîtriser la méthode TIPA pour exploser son audience

Par No Limits Books

Sommaire

SOMMAIRE 7

INTRODUCTION 10

LE BUSINESS MANAGER FACEBOOK 11

   OUVRIR UN COMPTE PROFESSIONNEL 12

      Power Editor 14

      Bienvenue sur le Business Manager 14

      Le compte publicitaire 15

      Le gestionnaire de publicité 16

   STRUCTURER UNE CAMPAGNE PUBLICITAIRE 18

      La structure des publicités 18

      Les campagnes 18

      Ensemble de publicités 19

      Publicités 20

   LE PIXEL FACEBOOK 22

      Qu'est-ce que c'est ? 22

      À quoi ça sert ? 23

      Créer le pixel 24

      Configuration 24

      L'installation guidée de Facebook 25

      L'installation manuelle 26

      Paramétrer des événements 27

      Paramétrer des événements personnalisés 28

LA MÉTHODE TIPA 31

Fonctionnement 31
Tester le texte 32
Tester le titre 32
Tester l'image 33
Le « Control » 33
Le placement 33
Audience 35

CONCLUSION 38

Introduction

Dans ce livre, nous allons vous présenter la fameuse méthode TIPA©.

Pour être correctement appliquée, cette méthode nécessite de connaître certaines bases obligatoires concernant les Facebook Ads.

Nous allons donc, dans un premier temps, expliquer les bases de Facebook Ads (comment ouvrir un compte, le structurer, comment installer le pixel, etc.).

Puis, par la suite, nous verrons la méthode TIPA© en détail.

À la fin de ce guide, vous serez en mesure de lancer votre première campagne de publicité, comme le font les professionnels.

Alors, installez-vous confortablement, vous allez bientôt passer dans la cour des grands.

Le business manager Facebook

Le "business manager" est un outil Facebook gratuit pour organiser et gérer votre entreprise. Il s'agit d'une interface différente de la version Facebook classique (celle à laquelle vous avez accès avec votre compte personnel), qui regroupe tous les outils nécessaires pour faire de la pub en ligne, et être efficace.

Pour obtenir de bons résultats lorsque l'on fait de la pub, il est OBLIGATOIRE d'utiliser ce business manager. Sans lui, impossible de créer vos campagnes, et de les suivre efficacement.

Si vous pensiez que faire de la pub consistait à faire des publications sponsorisées, vous allez voir que l'on peut faire beaucoup mieux...

Attention toutefois : votre compte business manager sera relié à votre identité physique. Il est donc obligatoire d'avoir déjà un compte personnel sur Facebook pour pouvoir créer un business manager.

Ouvrir un compte professionnel

Accédez à la rubrique Présentation de Business Manager.

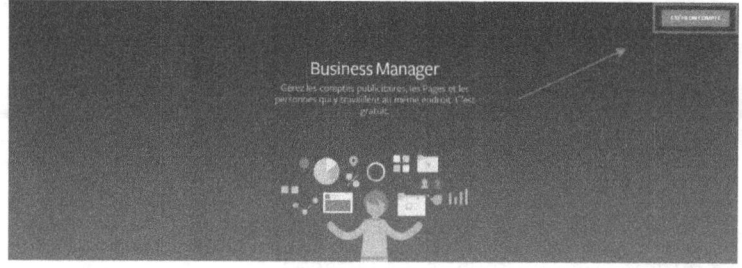

→ Cliquez sur Créer un compte.

→ Saisissez le nom de votre entreprise.

→ Saisissez votre adresse e-mail professionnelle.

Remarque : ne saisissez pas votre adresse e-mail personnelle, car il est préférable de garder vos comptes privés et professionnels séparés.

→ Remplissez les informations à propos de votre entreprise.

Power Editor

Maintenant que votre compte Business Manager est ouvert, vous allez avoir accès à tous les outils que Facebook propose pour les professionnels.

Bienvenue sur le Business Manager

Comme vous pouvez le constater, le Business Manager regroupe BEAUCOUP d'outils. Attention, il est possible qu'au moment où vous ouvrirez votre compte, tous ces outils ne soient pas encore accessibles (mais ils le seront sous peu, il ne vous reste que quelques petites étapes à faire pour les débloquer).

Cet écran, avec l'ensemble des outils, est accessible à n'importe quel moment, depuis n'importe quelle page du Business Manager. Pour y accéder, cliquez simplement sur les 3 petits traits horizontaux à côté du logo de Facebook.

Le compte publicitaire

Maintenant que vous avez ouvert votre Business Manager, il faut que vous ouvriez votre compte publicitaire. En effet, le Business Manager n'est pas un outil en soi. C'est simplement une sorte de « boite » qui regroupe tous les outils nécessaires aux entreprises.

Pour faire de la pub, il va donc falloir que vous ouvriez ce fameux compte publicitaire.

Passez ensuite dans l'onglet suivant :

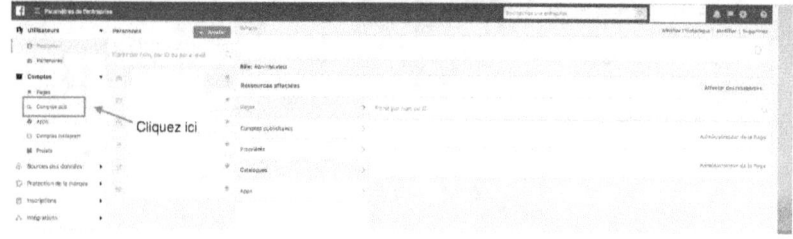

Cliquez ensuite sur la troisième option du menu déroulant, intitulée « Créer un compte publicitaire »

Remplissez ensuite les informations que Facebook vous demande, puis choisissez votre moyen de paiement en cliquant sur « Afficher les moyens de paiement ».

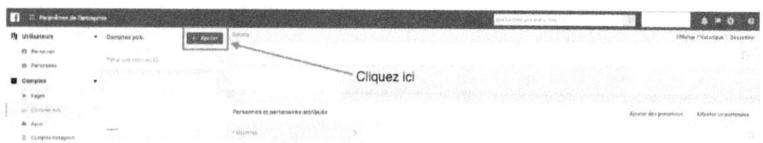

Le gestionnaire de publicité

Votre compte publicitaire Facebook étant ouvert, nous allons maintenant pouvoir passer aux choses sérieuses et commencer à nous pencher sur ce qui nous intéresse vraiment : le gestionnaire de publicités Facebook.

Attention : pour pouvoir faire de la pub, il vous faut une page Facebook et être modérateur de cette page.

Votre compte publicitaire Facebook étant ouvert, nous allons maintenant pouvoir passer aux choses sérieuses et commencer à nous pencher sur ce qui nous intéresse vraiment : le gestionnaire de publicités Facebook.

Comme vous pouvez le voir, le gestionnaire de publicités est divisé en 3 onglets principaux :

→ Campagnes

→ Ensembles de Publicités

→ Publicités

C'est dans ces sections qu'il va être primordial de structurer chacune de vos campagnes et publicités.

Structurer une campagne publicitaire

Avant de se lancer dans la création d'une campagne publicitaire, il convient de comprendre comment celle-ci s'organiser et se structure de façon à en optimiser la gestion.

La structure des publicités

Une campagne de Pub Facebook se construit de la manière suivante :

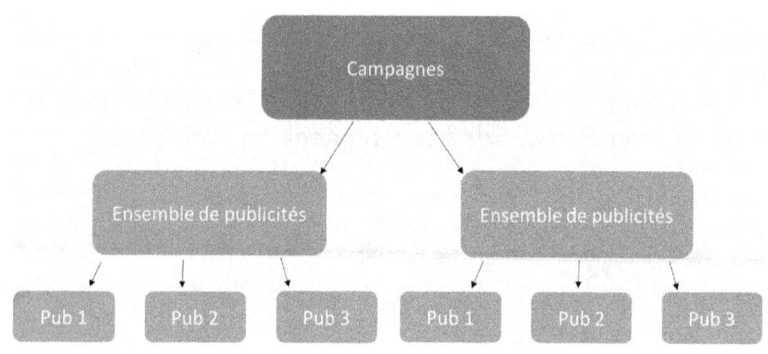

Les campagnes

Une campagne regroupe plusieurs ensembles de publicités, qui peuvent eux-mêmes regrouper plusieurs publicités.

Chaque campagne correspond à un objectif (trafic sur le site web, conversion, ventes, retargetting, etc.) ou une thématique précise.

Exemple 1 :

Imaginons que vous ayez un site e-commerce. Dans ce cas-là, il serait judicieux d'avoir :

- Une campagne de trafic
- Une campagne de vente
- Une campagne de retargetting

Exemple 2 :

Imaginons cette fois-ci que vous ayez un business dans lequel vous souhaitez récolter des adresses email grâce à une landing page.

Dans ce cas-là, il est recommandé d'avoir UNE campagne par landing page.

- Landing page A = Campagne A
- Landing page B = Campagne B
- Landing page C = Campagne C

Ensemble de publicités

Dans chaque campagne de pub, vous pouvez (devez) avoir plusieurs ensembles de publicités.

Dans chaque ensemble de publicités, vous pouvez cibler une audience particulière.

Exemple :

Imaginons que vous ayez un blog sur la nutrition, et que vous souhaitiez collecter des adresses email en envoyant du trafic sur votre site ou votre landing page.

Dans ce cas-là, vous pouvez avoir plusieurs audiences :

- Audience A = Sportifs et athlètes
- Audience B = Mamans venant d'accoucher
- Audience C = Bodybuilders
- Etc…

Nous reverrons en détail le fonctionnement des audiences dans un prochain livre

Publicités

Dans chaque ensemble de publicités, vous devez avoir plusieurs pubs.

Avoir plusieurs pubs vous permet de tester différents textes et images.

Cela vous permet de déterminer quelles phrases/ images convertissent le mieux et réalisent le plus d'objectifs pour le meilleur coût.

Nous allons reparler des publicités dans quelques minutes, lorsque nous allons parler de notre « méthode Facebook »

Imaginons que vous ayez un site e-commerce et que vous souhaitiez faire des ventes directement grâce à du trafic que vous envoyez depuis Facebook. Dans ce cas-là, voici un exemple de structure au niveau des campagnes.

(Nous vous expliquerons précisément pourquoi nous recommandons ce type de structure dans le guide consacré à l'e-commerce).

Zoomons maintenant dans l'ensemble de publicité « trafic vers site web »

Et au sein de chaque ensemble de publicités (ici Audience Femme 30 ans), vous pouvez (devez) avoir plusieurs pubs.

Vous disposez à présent de toutes les informations concernant la structure d'un compte Facebook Ads.

Nous ne pouvons, par ailleurs, que vous conseiller de donner des noms précis à vos titres de campagnes / et ensembles de publicités.

Plus vos titres seront précis et auront une nomenclature homogène, plus vous vous y retrouverez facilement.

Parce qu'aujourd'hui vous n'avez peut-être qu'une ou deux campagnes...mais qui sait où vous en serez dans 10 ans ?

Le pixel Facebook

Qu'est-ce que c'est ?

Le pixel Facebook est, comme son nom l'indique, un simple pixel que Facebook va poser sur vos sites, pages de ventes, pages e-commerces...etc. ! Le pixel peut être posé pratiquement n'importe où, et s'installe très rapidement!

À quoi ça sert ?

Avoir un pixel Facebook sur votre page permet de mesurer et d'enregistrer certains événements se produisant sur votre site, pour pouvoir faire remonter les informations directement dans le gestionnaire de publicités.

Exemple :

Imaginons que vous vous serviez de Facebook pour envoyer du trafic sur votre site e-commerce.

Si vous n'avez pas de pixel installé, vous serez incapable de savoir quelles ventes viennent de la pub Facebook.

Même chose si vous souhaitez récupérer des adresses email ou des informations sur vos visiteurs.

Pour faire simple, si vous n'avez pas de pixel, vous ne pouvez pas mesurer l'efficacité de vos campagnes de pubs!

Créer le pixel

Rendez-vous dans l'onglet déroulant que nous avons vu précédemment

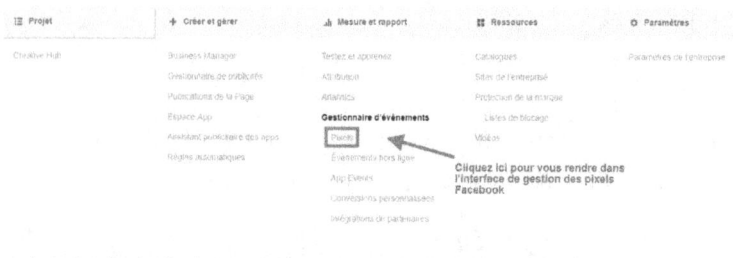

Configuration

Concrètement, le pixel Facebook est un script de code informatique à installer sur les pages qui vous intéressent.

Mais pas de panique ! Même une personne n'ayant jamais codé de sa vie peut réussir à installer le pixel.

De manière générale, le code du pixel doit toujours être copié dans la balise <head> de votre site.

Vous disposez de 3 options pour installer le code :

1. Suivre l'installation guidée de Facebook (compatible avec un nombre limité de partenaires)

2. Installer le code manuellement

3. Envoyer le code directement à votre prestataire informatique.

Dans notre cas, laissons de côté la troisième option pour nous intéresser aux deux premières.

L'installation guidée de Facebook

Voici la liste des partenaires compatibles avec cette fonctionnalité d'installation guidée.

Si votre solution de création de site est dans la liste, cliquez simplement dessus et suivez les étapes pas à pas.

L'installation manuelle

Si vous préférez utiliser l'installation manuelle, vous devrez copier et coller l'intégralité du code de votre pixel dans la balise <head> de votre site.

Une fois l'opération réalisée, testez votre pixel avec la fonctionnalité de vérification.

Une fois le pixel installé, il est conseillé de vérifier son bon fonctionnement à l'aide du plugin Chrome

Facebook Pixel Helper (Télécharger ICI)

Ce plugin vous permet de détecter et de vérifier le bon fonctionnement du pixel Facebook sur les pages de votre site :

Facebook Pixel Helper
Learn More

One pixel found on

 Facebook Pixel   View Analytics
Pixel ID:

▸ ⊚ PageView

▸ ✦ Microdata Automatically Detected

Paramétrer des événements

2 **Ajoutez les évènements que vous aimeriez suivre**

Sélectionnez les catégories d'évènements pertinentes pour votre entreprise et choisissez comment vous voulez les suivre.

- ◯ **Acheter**
- ◯ **Prospect**
- ◯ **Inscription terminée**
- ◯ **Ajouter des infos de paiement**
- ◯ **Ajouter au panier**
- ◯ **Ajouter à la liste de souhaits**
- ◯ **Initier un paiement**
- ◯ **Rechercher**
- ◯ **Vue du contenu**

Aucun évènement ne correspond ? En savoir plus sur les évènements personnalisés.

Une fois votre pixel installé, vous allez pouvoir lui demander de traquer certains événements précis.

Comme vous pouvez le voir, Facebook propose de suivre 9 évènements par défaut.

Si certains de ces événements sont pertinents pour votre situation, cliquez simplement dessus pour les activer.

Il vous faudra rajouter une petite ligne de code dans votre pixel.

```
<script>
  fbq('track', 'AddToCart');
</script>
```

Paramétrer des événements personnalisés

Si vous ne trouvez pas votre bonheur parmi les 9 événements de base proposés par Facebook, vous pouvez utiliser les conversions personnalisées.

Pour cela, rendez-vous sur la page de votre pixel et cliquez sur « Conversion personnalisée » :

Vous pouvez définir ici le nom et les conditions d'un événement personnalisé.

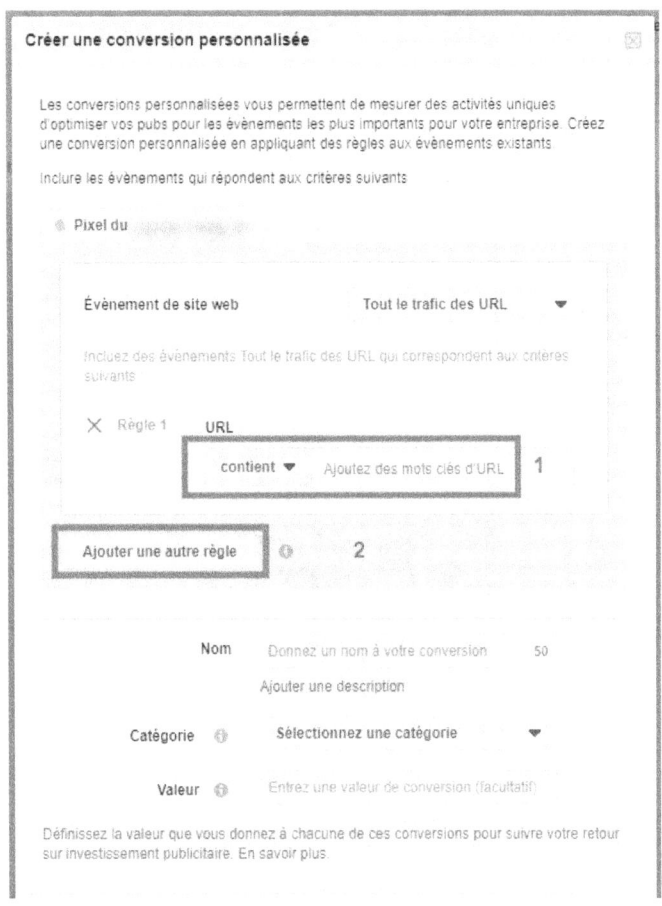

Si vous souhaitez que Facebook enregistre un événement à chaque fois qu'un visiteur arrive sur la page « contact » de votre site, mettez simplement l'URL de cette page dans la case 1.

Et si vous souhaitez être en mesure de créer des règles avancées et traquer n'importe quel événement qui se produit sur votre site, créez une nouvelle règle dans la case 2.

Le pixel Facebook est la clé de voûte de n'importe quelle stratégie d'acquisition client réussie.

Si, malgré nos explications, vous avez besoin de plus d'informations, vous pouvez vous tourner vers les pages d'aides de Facebook.

Ces pages sont très claires et donnent de nombreuses informations complémentaires.

La méthode TIPA

Comme vous allez le voir dans quelques instants, la méthode TIPA© est d'une simplicité désarmante.

Et pourtant, cette méthode a fait ses preuves…

Aujourd'hui, cette méthode nous permet de réussir nos campagnes de pub, quelle que soit la thématique abordée.

Le nom de cette technique porte les initiales de chaque action qu'elle représente :

- Texte
- Image
- Placement
- Audience

Ces 4 mots sont les 4 clés du succès

Fonctionnement

La méthode TIPA© est une méthode de lancement de campagne qui permet de réaliser des tests dans un ordre précis, pour obtenir les meilleures performances possibles.

Cette méthode consiste en un process précis qu'il faut respecter scrupuleusement. Sans cela, vos résultats ne seront pas à la hauteur de vos attentes.

Enfin, cette méthode s'emploie ensemble de publicités par ensemble de publicités. Il faut donc la recommencer de 0 pour chaque nouvelle campagne que vous lancez.

Tester le texte

Lorsque vous créez un ensemble de publicités, il faut toujours créer plusieurs variantes de vos pubs.

Vous allez donc commencer par créer plusieurs pubs avec la même image et différents textes.

Dans l'exemple ci-dessous, seul le texte change. La photo et le titre ne changent pas !

Laissez ces publicités fonctionner quelques jours, et gardez celle qui réalise le plus d'objectifs, pour le meilleur prix.

Tester le titre

Maintenant que vous savez quel texte fonctionne le mieux, il faut tester les titres !

Utilisez le texte que vous avez déterminé comme étant le plus performant à l'étape précédente.

Là encore, laissez fonctionner le test quelques jours, pour déterminer quelle variante est la meilleure, puis gardez un seul titre.

Tester l'image

Vous avez à présent un combo gagnant de textes + titre.

Vous allez maintenant tester plusieurs images utilisant toutes ce texte + ce titre.

Vous connaissez la chanson… laissez tourner quelques jours, et gardez uniquement la meilleure variante.

Le « Control »

Maintenant que vous avez réalisé ces tests, vous avez votre « CONTROL ».

En lead gen, on appelle « CONTROL », la meilleure pub. Celle qui fait le plus de résultats au meilleur prix. Votre objectif est maintenant de tout faire pour créer de nouvelles pubs qui vont réussir à battre votre CONTROL.

Et, chaque fois qu'une de vos pubs bat votre CONTROL actuel, elle devient le nouveau CONTROL. Ce processus est sans fin. Il faut en permanence tenter de battre son CONTROL, pour toujours améliorer ses performances.

Le placement

Maintenant que vous savez comment optimiser vos pubs, intéressons-nous aux _placements_.

(Nous verrons les placements plus en détail dans un des livres complémentaires donc pas de panique !)

<u>Il existe 4 grandes familles de placements :</u>

- Audience Network
- Facebook
- Instagram
- Messenger

En cliquant sur « Voir les graphiques » vous allez accéder aux statistiques de votre campagne.

Le temps que vous réalisiez vos tests pour arriver à votre CONTROL, vous allez accumuler des données sur « les placements de vos pubs ». Lorsque vous avez suffisamment de données, vous pouvez voir quels placements sont les plus rentables et offrent les meilleures performances.

Coupez donc les placements les moins rentables, et laissez fonctionner vos pubs uniquement sur les placements qui fonctionnent le mieux !

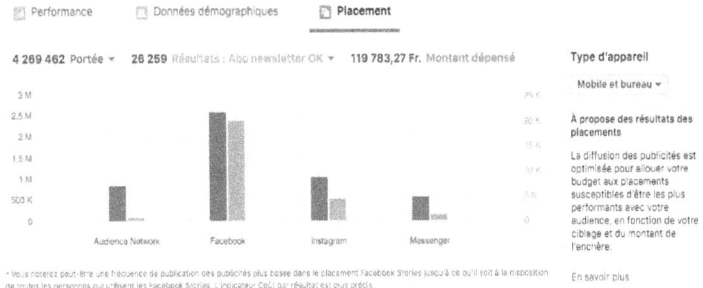

Conseil :

Nous avons remarqué que, dans la majorité des cas, les meilleurs placements sont Facebook et Instagram. Mais cela ne veut pas dire qu'il ne faut pas tester !

À vous de voir ce qui fonctionne le mieux pour vous.

Audience

Si vous avez créé votre ensemble de publicités avec un ciblage très large, vous allez vite vous rendre compte que vos pubs ne font pas réagir tout le monde de la même façon.

On ne s'adresse pas de la même façon à un jeune ado de 17 ans qu'à une femme de 45 ans.

Pour savoir quel type de population réagit le mieux à vos publicités, vous avez accès à ce qu'on appelle les « **données démographiques** »

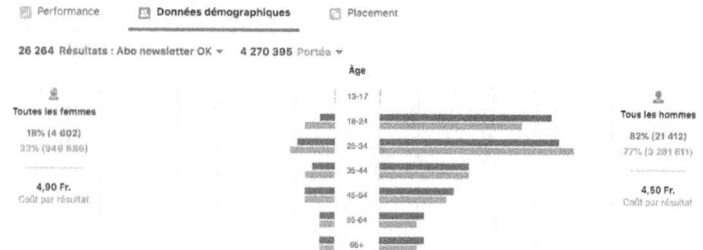

Ce graphique est un excellent exemple d'optimisation possible.

Lorsque nous avons créé l'ensemble de publicités duquel est tiré cette capture d'écran, nous avons ciblé les hommes et les femmes, ne sachant pas qui allait le plus réagir.

Après quelques jours, nous nous rendons compte que 82% des personnes qui ont cliqué sur nos pubs étaient des hommes.

Et en plus de cela, le coût par résultat des hommes est bien meilleur.

Conclusion : Il faut couper le ciblage des femmes dans l'ensemble de pubs, pour ne plus cibler que les hommes !

Vous connaissez désormais les 4 grandes étapes de la méthode TIPA©.

Cette méthode doit être appliquée avec rigueur pour donner de bons résultats. Mais si vous le faites sérieusement, vous allez être impressionné par sa puissance. Son inconvénient principal est qu'elle nécessite beaucoup de données pour être fiable.

Données qui peuvent être parfois longues à obtenir. Mais, lorsque vous en avez suffisamment, cette méthode est d'une efficacité redoutable.

Conclusion

À ce stade, vous disposez d'une campagne d'acquisition client fonctionnelle, vous permettant de réaliser vos premières ventes.

Ensemble, nous avons vu comment fonctionne le système de campagne publicitaire de Facebook, et comment l'utiliser pour optimiser ses résultats grâce aux meilleures méthodes disponibles actuellement.

Nous espérons que vous avez trouvé dans ce livre toute la valeur que nous avons voulu y mettre et que nos conseils vous permettront d'évoluer et de prospérer.

Mais le business en ligne ne se limite pas à l'acquisition via Facebook est vous en êtes sûrement conscients. Visitez maintenant [notre boutique en ligne](#) pour

découvrir nos ouvrages dans le domaine de l'entreprenariat et de la prospérité 3.0

www.ingramcontent.com/pod-product-compliance
Lightning Source LLC
Chambersburg PA
CBHW050306220526
45465CB00002B/841